# AVTRES
# OEVVRES
## DE MONSIEVR
## DE SCVDERY.

CVRVATA RESVRGO

# A PARIS,

Chez Avgvstin Covrbe', Libraire & Impri-
meur de Monsieur Frere du Roy, au Palais,
en la petite salle, à la Palme.

## M. DC. XXXVII.

(5)

# ADVERTISSEMENT

L ECTEVR,

Selon les Regles que nous tenons des Anciens, tout Poëme Epique, doit eftre fondé fur deux Principes : le vray-femblable & le merueilleux. Ainfi voit-on dans Homere, le Siege de Troye, & la Magie de Circé : dans Virgile, le voyage d'Italie, & celuy des Enfers : dans l'Ariofte, la guerre de France, & les charmes d'Alcine : dans le Taffe, la prife de Hierufalem, & les Enchantements d'Armide : Et c'eft fur ces fameux exemples que i'ay bafty cét ouurage ; qui me doit apprendre fi mon ftyle fera iugé capable de fouftenir la grauité du Poëme heroïque, par ceux, en faueur de qui ie veux en compofer vn. Qu'on regarde donc cette piece, & celle qui la fuit, comme vn Effay de ce grand Oeuure : & qu'on voye le vray-femblable en mon voyage, & le merueilleux en mon Temple. Il eft bien vray que i'ay vn peu plus penché vers le dernier, que vers l'autre, comme plus propre aux defcriptions, qui font l'ame de la Poëfie : au refte, comme l'Epopœe doit embraffer par Epifodes toutes les fciences, & tous les Arts,

A ij

ayant parlé de Geographie, d'Architecture, de Portrai-
cture en toille, en Verre, en Marbre, en bois, & de la
Nauigation ; i'ay creu eſtre obligé de le faire en termes
propres : que s'il s'en rencontre quelqu'vn qui ne ſoit pas
de ta connoiſſance, donne toy la peine de conſulter là
deſſus, ou les Maiſtres, ou les Liures, & tu verras que les
vns & les autres parleront en ma deffence, & t'appren-
dront ce que ie n'ignorois pas, & ce que tu ne ſçauois
point.

# LE TEMPLE.

## POEME

### A LA GLOIRE DV ROY,

#### ET DE MONSEIGNEVR

## LE CARDINAL

### DVC DE RICHELIEV.

### Dedié à la France.

TOY, *que tous les Climats regardent par*
*enuie;*
*Mere des beaux Esprits, qui m'as donné*
*le vie;*
FRANCE, *qui dois t'accroistre autant que l'Vniuers,*
*Souffre qu'vn de tes fils te l'apprenne en ces vers;*

A iij

*Souuiens-toy qu'Apollon sçait les choses futures;*
*Et lis tes bons destins auec mes aduentures.*
*Mais confesse à genoux, FRANCE, aussi bien que*
    *moy,*
*Que ta grandeur consiste en celle de ton ROY,*
*Adore les Exploits que sa valeur acheue :*
*Et songe, en t'abaissant, que c'est luy qui t'esleue.*

*Lors qu'vn noble desir qui m'eschauffoit le sein,*
*M'eut fait voir que le vent secondoit mon dessein,*
*Me laissant emporter au Dieu qui me conseille,*
*Ie fus (pour les quitter) aux Riues de Marseille :*
*I'entre dans vn vaisseau qui s'esloigne du bord,*
*Et nos yeux & nos bras sont tendus vers le port ;*
*Nos visages sont peints du regret qui nous touche ;*
*Aucuns des Matelots ne peut ouurir la bouche,*
*La tristesse la ferme au partir de ce lieu,*
*Et celle du Canon dit le dernier adieu.*
*Vne espaisse fumée offusque nostre veuë,*
*Comme elle disparoist, la ville est disparuë ;*
*Et le Riuage aimé se monstre seulement,*
*Ainsi qu'en vn Tableau par vn esloignement.*

*Sur les soings du Pilote, on voit dormir la Troupe,*
*Le vent enfle la voile, & nous vient par la Poupe,*
*Et semblant nous promettre vn bon-heur souuerain,*
*Toute la Mer est calme, & le Ciel est serain.*
*On voit cét Element dans vn profond silence ;*
*Ny les vents, ny les flots, n'ont point de violence,*

*Et de peur de troubler le repos de la nuit,*
*Ce qu'ils font eſt pluſtoſt vn murmure qu'vn bruit.*
*Nous marchons ſans marcher, et la Nauire volle :*
*Elle fait vn chemin que luy monſtre le Pole,*
*Et ſuiuant en ſon cours la Carte & le Compas*
*Elle trouue vn paſſage aux lieux qui n'en ont pas.*

*Mais qu'il a peu de fòy cét inconſtant Neptune!*
*Et que de changemens où regne la Fortune!*
*A peine le Soleil eut acheué ſon tour,*
*Qu'il amena l'orage en r'amenant le iour :*
*Son illuſtre Berceau deuient ſa Sepulture ;*
*On voit prendre le dueil à toute la Nature ;*
*L'Air eſt champ de bataille, à de gros Tourbillons*
*Qui ſe viennent chocquer comme des Bataillons :*
*Ces inſolents mutins, qu'vn foible Dieu gouuerne,*
*Sortent tous à la foule, & quittent leur Cauerne ;*
*Et comme en la fureur l'eſprit leur eſt oſté,*
*Chacun ſuit ſon caprice, & va de ſon coſté.*
*Le Pilote voit bien que la tempeſte eſt proche,*
*Il taſche de ſe mettre à l'abry d'vne roche,*
*Mais inutillement ; ce volage Demon,*
*Se mocque du Pilote, & ſe rit du Timon.*
*La Mer ne paroiſt plus, ny tranquille, ny claire ;*
*Elle eſcume de rage, & gronde de colere ;*
*Et lors que le Tonnerre eſclate horriblement,*
*Elle luy ſert d'Echo par ſon mugiſſement.*
*La flame des Eſclairs, comme elle eſt continuë,*
*D'vne eſcharpe de feu ſemble ceindre la Nuë ;*

Et comme fi le Ciel nous vouloit abifmer,
Il verfe inceffamment vne Mer dans la Mer.
Le Nocher par les Cieux cherche en vain des Eftoiles,
Il quitte le Cordage, il amene les Voiles;
Son art cede à la force, & nous fommes remis
A la mercy des Vents qui font nos ennemis.
L'vn monte la Nauire, & l'autre la renuerfe,
Ceftuy-cy nous arrefte, & cét autre nous berfe,
Haut, bas, à droiét, à gauche, en arriere, en auant,
Ordinaires effects de l'Empire mouuant.
Nous voyons fa colere, & fouffrons fon rauage,
Nos defirs n'oferoient approcher du riuage,
Et bien qu'en ce peril nous en eufions befoin,
De crainte d'y choquer, nous le fouhaittons loing.
D'vne horrible tumeur la Mer s'enfle le ventre,
Et comme elle fe fend nous tombons iufqu'au centre;
Si bien qu'en ces deux temps, par le feu des Efclairs,
Arger paroift au Ciel, & Thunis aux Enfers.
Nous croyons nos tombeaux, comme les riues proches,
Autant que les Brifans, nous redoutons les Roches,
Mais comme vn coup de Mer nous prepare la mort,
Vn gros d'eau nous repouffe, & nous fauue du bord.
Vne nuiét de trois iours, comme celle d'Alcmene,
Nous fit tenir encor vne route incertaine;
Car nous perdimes lors, dedans ce fortunal,
Et conduite, & Pilote, & Timon, & Fanal.
    Enfin, de tous les Vents, vn feul refte en furie,
Qui nous fait coftoyer toute la Barbarie:

                                            Nos

*Nos deffeins commencez demeurent imparfaits;*
*Nous laiffons à main gauche, & Marroques, & Fez,*
*La tourmente redouble, & la Mer plus efmeuë*
*Porte & mefle fes Eaux dans celles de la Nuë,*
*Preuue de fon orgueil, effect de fon pouuoir:*
*Calpe nous apparoift, Abile fe fait voir;*
*Le riuage s'approche, & l'efpoir fe recule,*
*Nous chocquons (peu s'en faut) aux Colomnes d'Her-*
   *cule;*
*Mais enfin le Vaiffeau, reprenant le milieu,*
*Laiffe derriere foy les Termes de ce Dieu,*
*Et fe vient engouffrer, perdant la Tramontane,*
*Sur l'ample & vafte fein de la Mer Oceane.*

   *Là, fort long temps encor nous fommes ballotez;*
*Et cinglant malgré nous, on nous voit emportez:*
*Nous remarquons fort prés, & noftre œil confidere,*
*Palme, l'ifle de fer, Tanariffe, & Madere:*
*Nous voyons mille Bancs, nous voyons mille Efcueils,*
*Ou pour les mieux nommer, deux mille grands Cer-*
   *cueils.*
*Et faifant vn chemin, fans y laiffer de piftes,*
*Nous voyons Saincte Helene, & les deux Ifles triftes:*
*Enfin tous les obiets fe cachant à nos yeux,*
*Nous ne voyons plus rien que la Mer & les Cieux;*
*Et nous fommes portez par la vague efcumeufe,*
*Plus loing que n'a vollé la COLOMBE fameufe.*
*Defia noftre trefpas fembloit eftre certain,*
*Et nous contions nos iours, en contant noftre pain;*

*Les Ifles de Canaries.*

*Chrift. Colôb.*

B

Quand les Vents irritez, à l'aspect de la Terre,
Pour nous donner la paix, terminerent leur guerre :
Triton d'vn Cor de Nacre, ordonna qu'à l'instant
Ces mutins laisseroient nostre logis flottant ;
Ils grondent au partir, pour l'espoir qui les trompe,
Nostre vaisseau brisé vomit l'eau par la Pompe,
Et la Mer reste esmeuë apres vn tel succés,
Comme vn febricitant, à la fin d'vn accés,
On iuge neantmoins la bonace certaine :
Et Castor, & Pollux, sont aux bouts de l'Antene,
L'air s'esclaircit par tout, & desia nous voyons
Vn Roc que le Soleil dore de ses rayons.
On doute si cette Isle est heureuse ou fatale,
Mais nous connoissons bien qu'elle est Orientale :
On l'aborde, & le Ciel nous voit tous à genoux,
Pour nous auoir conduits souz vn climat si doux.
  La trouppe sur la riue aussi tost amassée,
Se met à r'habiller nostre Nef fracassée :
Moy, qu'vn desir de voir, suiura iusqu'aux abois,
Ie vay m'esgarer seul dans le milieu d'vn Bois.
Iamais forest ne fut, si verte, ny si sombre ;
Mil ans ont trauaillé pour former sa belle ombre,
Et iamais le Soleil, d'vn rayon curieux,
Ne sçauroit penetrer au secret de ces lieux.
Là tous les Animaux viuent francs de querelle,
Et suiuent la douceur qui leur est naturelle :
Le Phœnix se nourrit en ces Bois innocens,
Et de Chresme de Baume, & de larmes d'Encens :

*C'est dans ces lieux sacrez, & non en Arabie,*
*Qu'en se donnant la mort, il se donnent la vie ;*
*Là, sur le haut d'vn Arbre il demeure offusqué,*
*Par les exhalaisons de son brasier musqué :*
*Mais dedans son trespas il monstre qu'il espere,*
*Et le Soleil se rend, son meurtrier & son pere.*
*Le Cigne en attendant qu'il meure sans ennuy,*
*Nage là dans vne onde aussi pure que luy.*
   *Là, des Chantres sçauants forment vne harmo-*
     *nie,*
*Dont l'extréme douceur a de la tyrannie :*
*Le Pan tousiours superbe, en marchant en auant,*
*Porte derriere luy son beau iardin mouuant,*
*Il imite les Rois ; & sa teste se couure,*
*D'vn Dais plus esclatant qu'on n'en peut voir au*
     *Louure.*
*Et bref, tout ce que l'Air, & la Terre, & les Eaux,*
*Ont de petits poissons, de bestes, & d'oyseaux,*
*Nage, volle, & bondit, sans connoistre la crainte,*
*Dans vne liberté qui n'est iamais contrainte.*
*Je fais suiure vne route à mes pas incertains,*
*Qui les mene aux derniers de ces Arbres hautains,*
*Que Nature cherit, que caresse Zephire :*
*Là, s'offrent à mes yeux, deux Piliers de Porphire ;*
*L'vn porte vn Escriteau, loing du Soubassement,*
*Ie le voy, i'en approche, et le lis aisément,*
*E n caracteres d'or, en lettre bien formée ;*
*L'Isle de la Valeur, & de la Renommée.*

                  *B ij*

*L'autre, en du Marbre noir, me presente ces vers:*
*Toy, que le sort conduit au bout de l'Vniuers,*
*Passant; va voir vn TEMPLE, à qui les destinées;*
*Ont promis de donner d'eternelles annees:*
*Mais garde le respect que l'on doit à ce lieu,*
*Que bastit Apollon pour vn grand demy-Dieu.*

*I'entreprens le chemin, où ce discours m'engage,*
*Rauy de voir ces mots escrits en mon langage.*
*Ie trauerse vne pleine, où le Ciel par des pleurs,*
*Oblige la Nature à luy monstrer des fleurs.*
*Aussi tost ie descouure vn TEMPLE magnifique,*
*De structure à la Grecque, & dans l'ordre Dorique.*
*Sa façade contient cent Colomnes de rang,*
*Toutes de Marbre rouge, & le Chapiteau blanc.*
*Apres, vn Cordon regne, en mesures esgales,*
*Ce ne sont que Festons, ce ne sont qu'Astragales,*
*Frises à demy bosse, & Listeaux embellis*
*D'vne L couronnée, & de trois FLEVRS DE LYS,*
*Des Chapeaux de triomphe, & des Monstres grotes-*
　*ques,*
*Centaures, & Tritons, feuilages, Arabesques,*
*Des Cornes d'abondance, & des Vases fumans;*
*Enfin l'Architecture a tous ses ornemens.*
*Le toict se voute en Dome, & se couure de lames,*
*De qui l'or & la forme esclate par des flames*
*Que l'on voit ondoyer iusques au bord du Mur;*
*L'or estant separé par des lignes d'Azur.*

OEVVRES.

Au deſſus du Portail s'auancent des Corniches,
Où ſoixante & trois Roys, dedans autant de Niches,
Paroiſſent en leur Throſne, & mes yeux reſiouïs
Furent de Pharamond, iuſques au grand LOVYS.
Ce Prince ſous ſes pieds a cette Prophetie,
Que les euenemens ont aſſez eſclaircie :

Quand vn ieune Lyon,
Aura coupé les Chefs de la Rebellion
Sur le Rocher fameux, que la Mer enuironne :
Ses Ennemis cachez eſtant lors d'eſcouuers,
Le Conſeil d'vn Chapeau ſauuera ſa Couronne,
Et le fera regner deſſus tout l'Vniuers.

*style Prophetique.*

En ſe iettant hors d'œuure, vn GOQ ouure les
aiſles;
Cét oiſeau porte au bec, nos trois FLEVRS, immor-
telles;
Et l'on voit à l'entour de L'ESCVSSON guerrier,
La Palme d'vn coſté, de l'autre le Laurier.
Mars, Minerue, & Themis, d'vne Eſcriture au-
guſte,
Diſent, IL EST VAILLANT, IL EST SAGE, IL
EST IVSTE.
Là ſont les Noms ſacrez deſſous vn Diamant,
Du trois fois grand LOVYS, & de l'Illuſtre AR-
MAND.
Sur les Portes d'Ebene, on voit à demy-taille,
En Portraits racourcis, mainte & mainte Bataille,

Biij

Que doit gaigner mon ROY, digne Neueu d'Hector.
Portes à clouds d'argent, qui vont fur des gonds d'or.
   Mais à quelque grandeur que ce beau TEMPLE ar-
     riue;
Et bien qu'on foit rauy de voir fa perfpectiue;
Ce n'eft rien par dehors : & contraire aux Tom-
     beaux,
Ses obiets par dedans font mille fois plus beaux.
Le paué tout d'Efmail, en fes couleurs meflées,
Feroit honte à l'Azur des Voûtes eftoillées,
Ie n'ofois y marcher, tant il auoit d'appas,
Et ie croyois auoir l'Arc en ciel fous mes pas.
Ce TEMPLE a fes piliers de groffeur apparente,
D'Albaftre Orientale, & qu'on void transparente,
Blanche comme du laict, claire comme criftal;
Bazes, & Chapiteaux, font du plus pur metal.
Sur de l'eau congelée ( ornement de Venife )
Vn exellent ouurage, vne peinture grife,
Cuite, & recuite au feu, prend, & donne le iour;
Et ces Vitres font voir, Mars qui chaffe l'Amour.
On voit briller en haut vn feu de Pierrerie;
En vn lieu, l'Emeraude imite vne Prairie;
En l'autre l'Efcarboucle eft vn Aftre qui luit,
Et qui fait qu'en ce TEMPLE, il n'eft iamais de nuit.
Les Perles, les Rubis, les Zaphirs, les Opales,
Confondant leurs couleurs efclatantes & pafles,
Font vn diuin meflange; & par tout ce lambris,
Apeine voit-on l'or fous les pierres de prix:

Et l'œil, de son aspect, receuroit vn outrage,
S'il n'estoit necessaire à distinguer l'ouürage,
De plus de cent flambeaux ce TEMPLE est decoré;
Les Placques & les Bras sont de vermeil doré:
Ses Arcades par tout richement estoffées,
De Drapeaux, d'Estandars, de Guidons, de Tro-
phées;
Et contre les piliers pendent tous les Escus,
Des Princes & des Rois, que le nostre a vaincus.
Ce TEMPLE a des Tableaux, ou l'Art & la Pein-
ture,
Peuuent deceuoir l'homme, & vaincre la Nature:
Leur Coloris est vif, les Corps fort arrondis,
L'ordonnance en est belle, & les traits bien hardis.
Là des doctes Pinceaux ont mis tout en vsage,
Renfondremens, faux-iour, Ciel & Mer, Païsage
La couleur bien possée; & l'habit bien drappé;
En fin, tous ces obiects font que l'œil est trompé.
L'on y voit des combats, & des sieges de villes;
Et toutes les fureurs de nos guerres ciuiles;
Montauban attaqué Montauban deffendu,
Montauban inuincible, & Montauban rendu.
Là, ces fiers Habitans de l'vn des coins du Monde,
Nagent dedans leur sang aussi bien que dans l'onde,
Et le Peintre fait voir leur orgueil enterré,
Sous le sable fameux de nostre Isle de Ré.
On leur voit remporter dans leur tristes Patries,
Des Leopards blessez, & des Roses flestries;

*Armes d'Angle- terre.*

Apres n'eſtre venus que pour nous couronner,
Que pour ſe faire vaincre, & pour s'en retourner.
　Les forces de mon ROY, domptent là ſes Riuales;
Il gagne par les ſiens deux batailles Nauales;
Le Cinabre & l'Azur ornent le front des Eaux,
Où flotte (auec les corps) le debris des Vaiſſeaux,
Et l'Ouurier fait au ROY, par vne docte feinte,
Vn tableau de la Mer, où ſa gloire eſt deſpeinte:
Gloire qui peut ternir (tant elle a de hazards)
Les Exploits d'Alexandre, & les faicts des Ceſars.

Elle fut
deſman-
telée

　C'eſt là qu'on apperçoit ceſte fiere Rebelle,
Cét obiet de terreur; la ſuperbe Rochelle,
Perdre le nom de Ville, auſſi bien que le cœur,
Pour donner à mon ROY, celuy de ſon Vainqueur.
Là, tous ces grands trauaux ſe font peroiſtre inſignes;
L'on y voit tous nos Forts, attachez par des lignes;
Et l'Ocean reçoit des mains de RICHELIEV,
Vn frain, qu'il n'eut iamais, que de celles de Dieu.
Le Peintre induſtrieux, pour Troupes ennemies,
Sur le haut de Tadon, fait marcher des Momies,
Et ces hardis Pinceaux figurent enfermez,
Des Phantoſmes en garde, & des Spectres armez.
On voit que leur orgueil eſt tout preſt de s'abatre;
Ils ont vn ennemy qui ne ſçauroient combatre;
Haues, tous deſcharnez, & demy-morts de faim,

Deſcri-
ption de
la faim.

Cent mets extrauagants paroiſſent en leur main.
L'adreſſe du Pinceau les a deſpeints ſans force,
L'vn mange vne racine, & l'autre vn peu d'eſcorce,

L'autre

L'autre comme vn thresor tient de vieux os cachez,
Que le temps a blanchis, & que l'air a sechez :
L'vn auale vn crapaut pour allonger sa vie ;
Vn autre le deuore auec vn œil d'enuie,
Et brisant les tombeaux par vn brutal effort,
Ils vont chercher à viure au seiour de la mort.
L'absinthe pour leur goust n'est plus vne herbe amere ;
Les femmes ont perdu les sentimens de Mere ;
La rage suit la faim ; & l'Enfant englouty,
Rentre dedans vn lieu dont il estoit sorty.
Et ces cœurs bien plus durs que n'estoiët leurs murailles,
Ne sont point amollis par tant de funerailles ;
Leur main ouure la terre, en se voyant paslir,
Pour se fortifier, & pour s'enseuelir.
Mais en vain ces Geants esleuent de la poudre ;
Du milieu du Tableau le Ciel darde vne foudre ;
Leurs ramparts sont a bas ; & pour mieux triompher,
Le ROY donne la vie à ces ames de fer.
Sa Clemence veut vaincre, aussi bien que ses armes,
Le sang qu'il a versé, luy fait verser des larmes,
Il ne voit qu'à regret dans leur temerité,
Le mal qu'ils ont souffert ; & qu'ils ont merité,
Son extréme douceur compatit à leur peine,
Il fait naistre l'amour au milieu de leur haine,
Ils rencontrent vn port, qu'ils croyoient vn escueil,
Il a pitié des morts qu'il tire du cercueil,
Et flattant leurs esprits iusqu'aux bords du Cocyte,
Il ne les dompte pas, mais il les resuscite.

C

Spectateurs du combat, les Anglois (en vn coing,
Qui pour cacher leur peur n'estoit pas assez loing)
Confessent en perdant le cœur & l'esperance,
Que si ce n'est en Titre on ne prend point la FRANCE;
Et que tel s'en dit ROY, qui peut-estre (agresseur)
Vn iour suiura la Char du IVSTE possesseur.

　Ces longs rangs de rochers que la Nature lie,
Pour separer d'vn mur, la France & l'Italie,
Dans vn autre Tableau, sont couuerts de guerriers,
Dont le sang genereux arrouse des Lauriers:
Leur extréme valeur a les destins propices:
Pour elle, tous ces monts n'ont point de precipices:
Ils marchent plus ioyeux, que s'ils alloient au bal,
Sur les traces des pas du fameux Hanibal;
Là, cent bouches de fer, sur les Alpes chenuës,
Confondant leur vapeur auec celles des nuës,
Vomissent de la flame; & font pleuuoir sur eux,
Des foudres, des boulets, de la gresle, & des feux.
Vn bruit se mesle à l'autre, & Mars en cette guerre,
Fait iouer le Canon du Ciel & de la Terre,
Chaque Roc esbranlé par des coups esclatans,
Replique horriblement, aux cris des Combatans,
Et ce Globe allumé que la mort accompagne,
Murmure encor bien loing, de montagne en montagne.
O merueilleux effect de ce rare Pinceau,
Qui rend le bruit visible, en ce diuin Tableau.

　Les Alpes à ce coup font signe aux Pirenées,
Qu'en vain pour les seruir, elles sont mutinées,

Et que contre le Dieu, qu'elles ont fait venir,
Leurs Rampars eternels ne sçeuroient plus tenir.
C'est trop que d'affronter Cesar & sa fortune:
Ces Renardt desterrez, ont la fuite opportune;
Iamais neige fonduë en ces lieux par l'ardeur,
Ne se precipita, de pareille roideur;
Mais mon PRINCE, sur eux, est vne Aigle qui
  volle:
Suse parle François aussi bien que Riuolle;
Et les Iardins du Duc, paroissent embellis,
De la Reine des Fleurs, de nostre FLEVR DE LYS.
  Dans vn autre Tableau, ie vis (auecques ioye)
La demeure des Ours, la Pierreuse Sauoye,
Prendre le mesme ioug, qu'elle prist autre fois;
Chambery receuoir nos Armes, & nos Loix;
Et mon PRINCE voulant que tout se conuertisse,
Faire du Champ de Mars, vn Throsne à sa Iustice.
  Vn autre me fait voir les Espagnols rusez,
Le Siege de Cazal, et deux Camps opposez;
L'on y voit la poussiere, on y voit la fumée,
Des cheuaux, & des feux de ces grands Corps d'Ar-
  mée;
Ny Guidons, n'y Drapeaux n'y sont pas oubliez;
Les blancs sont ondoyants, les rouges sont pliez:
Icy des Esquadrons; là de l'Infanterie;
Là se voit le Bagage; icy l'Artillerie;
Vn Champ reste au milieu, vuide pour le Vainqueur;
Mais trente mille bras ne treuuent pas vn Cœur:

*Riuolle maison de Plaisance du Duc des auoie*

*Parlement estably dans Chābery.*

C ii

*Et ces fiers Conquerans, que la frayeur tenaille,*
*De peur de la donner, perdent vne Bataille.*

*En suite des Tableaux que i'ay tant admirez,*
*L'on en voit vn fort grand, sous des Rideaux tirez,*
*Où mon œil apperçeut ( haussant l'Estoffe noire)*
*Des branches de Cyprés, aux mains de la Victoire,*
*Qui triste, mais superbe, & d'vn courage haut,*
*Semble voir à regret le sanglant Eschaffaut,*
*Où la Iustice en deuil, couure vn corps, & ses ar-*
*mes,*

*Tombeau*
*du grād*
*mais in-*
*fo une*
*Duc de*
*de Mont-*
*morancy.*

*D'vn Drap de Velours noir, tout parsemé de larmes.*
*Le Pinceau prophetique, a peint mille beaux faits,*
*De qui ce regne heureux doit sentir les effets,*
*Mais ie n'entendis rien à toutes ces Peintures,*
*Qui ne me presentoient que des choses futures,*
*Et dans leurs traits confus, ie ne vis ( en passant,)*
*Que la Mer du Bosphore, & le coing d'vn Croissant.*

*Au milieu de ce* TEMPLE, *on voit vne Statuë,*
*Et comme elle est Royalle, elle est ainsi vestuë,*
*Six degrez de Porphyre esleuent vn Autel,*
*L'inuincible* LOVYS, *y paroist immortel,*
*Auprés de ce* MONARQVE ARMAND *tient vne*
*place,*
*Son Maistre luy sous-rit, & le regarde en face,*
*Il courbe en demy-rond, le bras gauche sur luy,*
*Et là mesme en Statuë, il en fait son appuy.*
*Son aspect est Royal, la pourpre l'enuironne:*
*Mais bien qu'il la merite, il n'a point de Couronne,*

Car ſon bras acheuant, tant d'Exploits innouïs,
Ne veut que l'affermir ſur le front de LOVYS.
  Comme ie regardois, mes œillades confuſes
Deſcouurent Apollon à la teſte des Muſes,
D'vn Chapeau de Laurier ſon front eſt deſcoré,
On luy voit à la iambe vn Brodequin doré,
Son Arc & ſon Carquois font voir encor ſa gloire,
En l'vne de ſes mains il a ſon Lut d'iuoire,
Ils chantent vn Cantique, en des tons rauiſſans,
Les mots ſont oubliez, mais en voicy le ſens.

---

# APOLLON

# AV ROY.

LOVIS, le plus grand des Monarques,
L'amour des hommes & des Dieux;
De qui le renom glorieux,
Vaincra les Siecles & les Parques:
  Preſte vn peu l'oraille à nos voix;
Et te reſſouuiens qu'autrefois,

Au fameux Siege d'vne ville
( Que regardoit tout l'Vniuers )
L'on a bien veu le braue Achille,
Prendre vn Lut, & chanter des vers.

Ie sçay que ton Esprit modeste,
Au delà de tous les Esprits,
Est fasché de se voir surpris,
D'vne loüange manifeste :
Et puis ta gloire esclatte assez,
Dans ces Tableaux que i'ay tracez :
Le temps n'en peut faire sa proye
Sans deuenir trop criminel ;
Et plus heureux qu'aux Murs de Troye,
Ie t'ay fait vn TEMPLE, eternel.

Sois donc seur que ta retenuë,
Ne changera point de couleur ;
Par le recit d'vne Valeur,
Aussi rare qu'elle est connuë :
Que ie ne te sois pas suspect ;
Mon impuissance & mon respect,
M'esloignent de tes aduentures :
Mais souffre à nos Luts seulement,
D'adiouster à tant de Peintures,
Le Tableau de ton iugement.

Ne crains pas qu'Apollon te flatte,
Afin d'acquerir vn thresor:
C'eſt luy ſeul qui ſçait faire l'Or;
Et c'eſt par luy ſeul qui il eſclatte:
Mais ton choix eſt ſi bien fondé,
Que i'ay veu ( plus ie l'ay ſondé )
Que le Tibre cede à la Seine:
Et que bien qu'on l'ait peint charmant,
Auguſte n'eut point de Mecene,
Qui ne fuſt moins que ton ARMAND.

Sa preuoyance eſt ſans ſeconde;
Comme ſon zele eſt ſans pareil:
Et crois ce qu'en dit le Soleil,
Qui chaque iour voit tout le Monde:
Ie vay cheZ tous les Potentats;
Je viſite tous les Eſtats;
Mais par tout ſa gloire eſt premiere:
Il paſſe tout ce qu'on eſcrit;
Et mon Char a moins de lumiere,
Que ce rare & diuin Eſprit.

Digne & grand ſubiet d'vne Hiſtoire,
La plus belle qui fut iamais,
Soit pour la guerre, ou pour la paix;
Repaſſe la dans ta memoire:

Et songe ( en despit des Riuaux,
Qui veulent cacher ses trauaux)
Ce qu'à fait celuy que ie nomme.
Iuge des soings de RICHELIEV;
Et vois ce que merite un Homme,
Dont le Conseil te fera Dieu.

Quelles puissances ennemies,
N'ont point trauersé ton bon heur?
Mais auec que combien d'honneur,
A-t'il fait voir leurs infamies!
Ces mauuais Demons, ces Mutins,
Qui pensoient que tes bons destins,
Estoient plus foibles que leurs armes;
Dans le mal qu'il leur fait sentir,
Sont contraints de verser des larmes;
Et de rage, & de repentir.

Desia leur colere insensée
Croyoit s'espandre en toutes parts;
Et tu n'auois point de ramparts,
Qu'ils ne forçassent en pensée,
Mais ayant vomy tout leur fiel,
Ils ont bien connu que le Ciel
N'est pas de leur intelligence;
Et qu'apres leurs complots ingrats,
Rien ne desarma ta vangeance,
Qu'ARMAND, qui luy retint le bras.

O que

*O que son ame est asseurée!*
*Et que dans leur temerité,*
*Elle a fait voir de fermeté,*
*En la foy qu'elle t'a iurée:*
*On le menace du trespas,*
*Il ne desmarche point d'vn pas;*
*On le sollicite, il resiste;*
*On l'attaque, on le voit vainqueur:*
*L'Estat branle, & sa foy subsiste;*
*Tout craint, & luy seul a du cœur.*

*Laisse, laisse gronder l'Enuie,*
*Qui choque tousiours ses pareils;*
*Et te souuiens que ses Conseils*
*Illustrent ton Regne, & sa vie:*
*Quoy que disent les Courtisans,*
*Qu'elle a rendus ses partisans,*
*Tu dois deaucoup à sa conduite:*
*Luy seul les a tous combattus;*
*Et leurs vices n'ont pris la fuite,*
*Que pour ne voir pas ses Vertus.*

*Ne couure point ton feu de cendre,*
*La froideur desplaist aux hardis;*
*Imite ce que fit iadis,*
*Pour Ephistion, Alexandre:*
*Et te mocquant des enuieux,*
*Vois que le Monarque des Cieux;*

D

Qui seul pourroit guider cent Mondes,
Fais comme tu fais auiourd'huy;
Il agit par couses secondes,
Et fait miracles par autruy.

Et toy MINISTE incomparable,
Pilier d'Estat, Prince excellent,
Fais voir qu'vn amour violent,
Ne laisse pas d'estre durable:
Et songe, estant monté si haut,
ARMAND, que le moindre deffaut,
Seroit veu de toute la terre:
Mais comme tu ne peux faillir,
Tiens tousiours en main le Tonnerre,
Pour deffendre, & pour assaillir.

Fais que ton bel Esprit conserue,
L'amour des Lettres et des Arts,
Garde que la faueur de Mars,
Ne te fasse oublier Minerue:
Considere que ces neuf Sœurs,
Peuuent augmenter les douceurs,
Que la bonne fortune donne:
Et qu'on ne voit point de Guerrier,
Qui ne me doiue sa Couronne,
Ayant fait croistre le Laurier,

L'histoire par de gros Volumes,
Peut faire vieillir le renom;

*Mais pour porter au Ciel vn Nom,*
*Il faut bien de plus fortes plumes :*
*Diuin* ARMAND, *si tu pretens,*
*De vaincre la Mort & le temps,*
*Ayme ces Beautez innocentes ;*
*Leur Ouurage ne peut finir ;*
*Et ces filles reconnoissantes,*
*Esternisent vn souuenir.*

*Ie voy que leur Troupe s'appreste,*
*A te garantir du Tombeau ;*
*Elle te prepare vn Chapeau,*
*qui sera digne de ta teste :*
*Leur main espere de trouuer*
*Vne fleur qui n'a point d'Hyuer ;*
*Que iamais on ne voit mourante :*
*Elle ne croist qu'en leur Vallon ;*
*Et ceste immortelle Amarante,*
*T'est offerte par Appollon.*

*Là finit le Cantique, & ce Dieu sort du* TEMPLE
*Sa Troupe disparoist, comme ie la contemple ;*
*Et ne laisse à mes yeux ( commençant à voler )*
*Que quelque rayon d'or qui se dissipe en l'air,*
*La merueille m'estonne, & l'aise me transporte ;*
*Lors auec vn grand bruit on referme la porte :*
*Ie trauerse le bois , ie retourne au vaisseau,*
*Qui s'abandonne aux vents , qui se remet à l'eau ;*

Apres s'eſtre muny de quelques fruits ſauuages,
Que le Soleil tout ſeul fait croiſtre en ces riuages,
    Là, par les beaux obiets, en mon eſprit tracez,
Ie me tiens ſatisfait de mes trauaux paſſez:
Nous vollons cependant ſur la vaſte campagne;
Et comme bons François, ſans toucher en Eſpagne,
Les vents & le timon par vn decret fatal,
Conduiſent la Nauire en mon païs natal,
Où la voile eſtant bas, & l'anchre eſtant iettée,
I'ay baiſé par trois fois la terre ſouhaittée,
Et quite enuers le Ciel, de tant de vœux promis,
I'ay meſlé mes deux bras à ceux de mes Amis,
Et veu leur chere Troupe auec la bouche ouuerte,
Admirer le portrait de ceſte Iſle deſerte,
S'attacher par l'oreille, & leurs cœurs reſioüis
Treſſaillir, au recit des grandeurs de LOVYS.
    Or comme le Soleil agit ſur toutes choſes.
Il ouure mon eſprit, auſſi bien que les roſes:
Et comme le Printemps a commencé ſon cours,
Il a (parmy les fleurs) fait naiſtre ce diſcours.
Faſſe le iuſte Ciel, pour le fruiƈt de mes veilles,
Que l'œil de ce MONARQVE, y liſe ſes merueilles;
Et que ce grand ESPRIT, dont il fait ſon Altas,
S'y puiſſe diuertir, ſi iamais il eſt las.
Et toy FRANCE indomptable, & toy chere Prouince,
Auant que de ſortir du TEMPLE de ce PRINCE;
Pour ſignaler mon zele auſſi bien que ta foy,
Ieus les yeux au Ciel, & ſouhaite apres moy.

Que LOVYS, & qu'ARMAND soient tousiours
  dans le calme,
Que deux Amours entr'eux disputent vne Palme,
Que l'vn aime tousiours, & soit tousiours aimé,
Que les bienfaits de l'vn, rendent l'autre enflamé,
Que LOVIS nous commande, & qu'ARMAND, le con-
  seille,
Que l'vn soit en repos, pendant que l'autre veille,
Que tous leurs ennemis soient d'vn esprit plus sain,
Que iusques dans le cœur on lise leur dessein,
Que le pasle Enuieux ait vne fin sinistre,
Que l'Ange de LOVYS conserue son MINISTRE,
Que leurs plus haut proiets ne soient point hazardeux,
Que la santé parfaite, agisse en tous les deux,
Et puis qu'il faut subir la loy des destinées,
Qu'ils finissent, chargez de bon-heur, & d'années,
Et que leur gloire arriue à l'immortalité,
Prix, que ie luy souhaitte, & qu'elle a merité.

# DISCOVRS
## DE LA
## FRANCE,
## A MONSEIGNEVR
## LE CARDINAL
### DVC DE RICHELIEV.

Apres son retour de Nancy.

LORS que celuy qui dompte, & soubmet
les Prouinces,
Et qui tient en ses mains la fortune des
Princes,
L'inuincible LOVIS, dont les fameux explois
Esbranlent chasque Throsne, & font trembler les Rois,

Eut augmenté sa gloire, & celle de l'armée,
Rauy tout l'vniuers auec sa renommée,
Et vainqueur de Nancy, consacré pour iamais,
Les marques de la Guerre au Temple de la Paix,
Voyant que ceste mer auoit les ondes calmes,
Il vint se reposer à l'ombre de ses Palmes,
L'illustre RICHELIEV malgré tant de riuaux
Partageant son repos, ainsi que ses trauaux
Et quand la main d'vn Ange, à nos vœux fauorable
Eut tiré d'vn grand mal ce MINISTRE adorable,
Il entra dans Paris; où la FRANCE à genoux,
Luy parla dignement, & pour elle, & pour nous.
Elle se fit connoistre à ces augustes Marques,
Que les siecles passez, donnerent aux Monarques,
Le Manteau, la Couronne, & le beau Sceptre d'or,
Qu'autrefois à tenu le braue fils d'Hector:
Sa robe estoit brodée; & les couleurs subtiles,
Y figuroient des Monts, des Fleuues, & des Villes,
Vn vert meslé d'argent, peignoit les flots amers,
Qui bornent cét Estat, en ces deux vastes Mers.
Et bien que de frayeur on la iugeast atteinte,
Sa Maiesté parut, au milieu de sa crainte,
Et ceste beauté pasle, en se montrant au iour,
Fit naistre la pitié, le respect, & l'amour.
D'vn pas graue & superbe, en sa pompe Royalle,
Cette Princesse marche, & trauerse la salle,
La vertu l'accompagne; & ses yeux esclattans,
Desrobent la parole à tous les assistans:

Elle entre au cabinet, où d'vn air tout celeste
D'vn ton de voix qui charme, & d'vn regard mo-
    deste,
Elle approche d'ARMAND, qui prenoit le repos,
Se prosterne à ses pieds, & luy tient ces propos.


Grand DVC, preste l'oreille à la France affligée,
Et ne t'estonne pas de la voir negligée;
Quand la rigueur du sort pensa nous separer,
Ie perdis à l'instant le soin de me parer.
Ie sçay que nous auons semblables destinées,
Que ta fin deuiendroit celles de mes années,
Et ie iuge aussi bien que tous les bons François,
Que pour estre immortelle, il faut que tu le sois,
Car l'ame de LOVYS ardemment enflammée,
S'attache tellement à la personne aimée,
Que ton cœur est le sien, & qu'on voit auiourd'huy
Qu'il ne vit que par toy, comme ie fais par luy,
Aussi peux-tu bien voir à mon visage blesme,
Que i'ay pleuré pour toy, que i'ay craint pour moy
    mesme,
Il te peint mon amour, il te peint ma douleur,
L'vne & l'autre paroist en sa pasle couleur,
Et mieux que mon discours. sa tristesse exceßiue,
Te dira que la France est plus morte que viue,
Et que le fascheux bruit qui fit naistre son deuil,
La fit tomber du Throne au bord de son cercueil,

                                        Presse

Preste de suiure encor ta perte regrettée,
Si ton heureux retour ne l'eux reßuscitée;
Mais en fin, grace au ciel, ses vœux sont exaucez,
Tu vis, tu la fais viure, & ses maux sont paßez.
De cét œil tout puißant qui force le courage,
Tu la remets au calme apres ce grand orage,
Ta presence dißipe, & borne ses malheurs,
Vne allegreße pure a suiuy ses douleurs,
Et pourueu que le sort la faße estre durable,
Il n'est point de bon-heur qui luy soit comparable.
Toutesfois quelque mal touché mon souuenir,
Et songeant au paßé, i'ay peur de l'aduenir,
Desia deux ou trois fois les Parques trop hardies
Tont mis dans le danger qui suit les maladies,
A ce cruel penser ie frisonne d'horreur,
Et ie retombe encor à la mesme terreur.
Grand D v c, conserue toy, contente mon enuie,
Pour l'amour de la France, aime vn peu plus ta vie,
Ton esprit tout de feu n'a pas vn corps de fer,
Triomphe de toy mesme, en voulant triompher,
A ceste soif d'honneur, retiens vn peu la bride,
Et mets à tes labeurs des bornes comme Alcide.
Sçache que nos destins ne se diuisent pas,
Ta perte fait la mienne, & ta fin mon trespas,
Quand tu m'aurois gagné toute l'Europe entiere,
Tu ne m'aurois conquis qu'vn plus grand cimetiere,
Car encor vne fois L o v y s t'aime si fort
Que ta fin aduancée, auanceroit sa mort,

E

Que deuiendroy-ie alors sans celuy qui commande?
Pour moy ie n'en sçay rien, & ie te le demande.
Songe que les mutins, apres mes desplaisirs,
Souleroient leur vangeance, & leurs mauuais de-
  sirs,
Que leur ame de meurtre, & de crime alterée,
Du sang des innocens viendroit faire curée :
Que ces Tigres viendroient retracer de nouueau,
De nos malheurs passez l'effroyable Tableau :
Pareils à ces torrents, qui tombant des montagnes,
Passent comme la foudre au milieu des campagnes,
Destruissent dans les champs l'espoir du laboureur,
Et ne laissent par tout que marques de fureur.
Tels ces monstres cachez, qu'vn fier Demon gou-
  uerne,
Fondroient sur l'innocence, en quittant leur cauerne,
Et la flame & le fer aux mains des ennemis,
Auroient bien tost changé l'ordre où tu nous as mis.
Escoute grand HEROS, la voix de ta Patrie,
C'est elle que tu vois, c'est elle qui te prie,
Si tu veux signaler ton amour & ta foy,
Ne te hazarde plus, sauue la sauue toy.
Aussi bien en l'estat où tu les sçais restraindre,
Peuuent-ils esperer? & les deuons nous craindre?
Ils seront sans support, où qu'ils puissent aller,
L'AIGLE de ce costé, n'oseroit plus voller.
Mets les dans la frayeur, & suspens la tempeste,
Tiens leur souuent le glaiue, attaché sur la teste,

*Ainsi d'vn œil craintif qui les fera courber,*
*Ils penseront tousiours le voir prest à tomber.*
*Mais ne t'expose plus à l'extresme fatigue,*
*C'est plaire à l'ennemy, c'est entrer dans sa ligue,*
*Priue-le de l'honneur d'estre veu du vainqueur,*
*Dans le corps de l'Estat, tiens la place du cœur.*
*Le ROY celle du chef, vos forces desparties*
*Le feront bien agir en toutes ses parties,*
*Offre dedans Paris des vœux à Palemon,*
*Mets ce NAVIRE à l'ancre, & tiens-en le timon.*
*Mocque toy des Rochers, & des vents, & de*
  *l'onde,*
*Dans ce celebre Port qu'admire tout le monde.*
*Ou sois veu (si tu veux) chez les peuples voisins,*
*De la saison des fleurs, à celle des raisins,*
*Mais que l'hiuer au moins t'arreste en vne place,*
*Et souffre qu'il t'enferme en ses ramparts de glace.*
*L'excessiue froideur agit sur du metal,*
*Ne vois l'air de trois mois, qu'à trauers du cristal,*
*C'est assez acheué de belles aduantures,*
*Ne vois plus de combats que parmy tes peintures:*
*C'est assez trauaillé, songe à te surmonter,*
*Et dompte en ta personne, vn qui peut tout domp-*
  *ter.*
*Que ce desir ardent qui te porte à la guerre,*
*T'accorde le repos, & le donne à la terre,*
*N'abuse point des vœux, voussez pour ton salut,*
*Et fais que le Canon laisse entendre le Lut.*

Gouste vn peu les plaisirs que permet l'innocence:
Sonuiens toy qu'Apollon est de ta connoissance:
Caresse les neuf Sœurs, aime leurs nourrissons,
Elles viennent en Corps pour t'offrir leurs Chansons,
Et celle dont la main fit le superbe TEMPLE,
Où l'œil reste enchanté parce qu'il y contemple,
S'aduance la premiere, & ne peut retenir
L'extresme passion qui la force à venir.
Elle est sous ton pouuoir, tu la dois reconnoistre,
Les lieux que tu regis sont ceux qui l'ont fait naistre,
Ce HAVRE si connu des plus lointains Climats,
Où ta prudence plante vne forest de mats,
L'azile du commerce, & du Marchand fidelle,
Qui s'asseure en ton Nom plus qu'en sa Citadelle,
Luy donna le Berceau, le Ciel là destinant
A deuenir vn iour ce qu'elle est maintenant.
Son amour la fit tienne, & tu l'as acceptée,
Mais sa gloire est acquise, & non pas meritée.
Aux bords de l'Ocean vn Dieu vint l'animer,
Pour faire plus de bruit que les flots de la Mer,
D'vne ardeur heroïque on la voit enflammée,
Aussi bien que Minerue, elle nasquit armée,
Et fille d'vn Soldat, elle prend ses esbats,
A chanter les hauts faits, au sortir des combats.
Desia depuis long temps en soy mesme elle range
Toutes les raretez, de l'Eufrate & du Gange,
Et comme on voit l'abeille en composant le miel,
Picorer sur les fleurs ce qui tombe du Ciel,

Le Havre de Grace, lieu de la naissance de Mr. de Sendery, où feu son pere commandoit sous l'Amiral de Villars.

Maintenant sur lis Lis, & tantost sur les Roses;
De mesme ceste Muse embrasse toutes choses,
Voit les Cieux et les Eaux, les Villes & les Champs,
Afin d'en composer la douceur de ses chants :
Et riche du butin des langues Estrangeres,
Elle imite pour toy ces bonnes mesnageres,
Et ce que la Nature a mis en l'Vniuers
De parfait & de beau, sera veu dans ses vers.
Les plus sombres forests, les plus larges Campagnes,
Les Vallons les plus creux les plus hautes Mon-
    tagnes,

Pœme
heroïque
& ses
parties.

Les pierres, les metaux, les herbes, & les fleurs,
Les Vases de Christal, où l'Aube met ses pleurs,
Cét amas de beautez que sa richesse estalle
Dessus les bords fameux de l'Inde Orientale,
Ce miracle de l'Air, cét Arc qui peut ternir
L'esclat de ce Lambris qu'il semble soustenir,
Le bel Or du Soleil, & l'Argent de la Lune,
Les Rochers, & les Vents, & les Flots de Nep-
    tune,
Son calme, sa tempeste, & d'vn puissant effort
Vn vaisseau dans l'orage, vn autre dans le port.
Tu luy verras tracer mainte belle aduenture,
Des traits les plus hardis qui soient en la peinture,
Et quand il s'agira de parler d'vn Tableau,
Sa plume fera honte au plus docte pinceau.
Tantost dans le conseil, tantost dans vne attaque,
En imitant Achille, & le Prince d'Itaque,

# AVTRES

Tu luy verras charmer d' vn difcours attrayant,
Ou vaincre vn ennemy par vn bras foudroyant.
Elle te fera voir des villes aßiegées,
Vn aßaut general, des batailles rangées,
Des Ramparts qu'vne Mine emporte en vn mo-
    ment,
Vn Efquadron qui force, & rompt vn Regiment,
Vn camp, vne retraitte, & fa docte furie,
Te peindra iufqu'au bruit de ton Artillerie.
Ainfi dans tous les Arts eftendant fon fçauoir,
Ils n'ont rien d'excellent qu'elle ne faße voir.
Que fi d'vn ton plus doux elle vient à defcrire,
Les regrets & les cris d'vn Amant qui foufpire,
Iamais Cigne mourant ne fut plus langoureux,
Et qui ne peut aimer fera touché par eux.
Bref, elle fe promet, tant elle a de courage,
De faire voir le bout de ce penible ouvrage,
Que le diuin Ronfard n'ofa que commencer,
Et pour ta feule gloire, elle veut y penfer,
Apprends que chaque iour cette Mufe s'applique,
A former le project, d'vn POEME HEROIQVE.
Sur les Maiftres de l'Art, qui n'aura rien des leurs,
Elle efbauche vn deßein, apprefte des couleurs,
Choifit dedans l'Hiftoire vn HEROS de ta race,
S'inftruit de fa valleur, & le fuit à la trace,
Le tire du Sepulchre, afin que dans fes Vers
Il ne puiße finir qu'auecques l'Vniuers.

Le Sang Royal de D R E V X , d'où vient ton ori-
    gine ,
Luy fournit maintenant tout ce quelle imagine ,
Et c'est ROBERT le GReAND , qu'elle veut
    esleuer
Iusqu'où mortel que toy ne sçauroit arriuer.
Mais n'ayant pour obiect , que ton cœur Magna-
    nime ,
Il faut , Grand RICHELIEV , que ta douceur
    l'anime ,
Il faut voir de bon œil ce qu'elle a medité ;
Apres , tiens toy certain de l'immortalité ,
Elle te la promet , & t'en donne asseurance ;
Sa parole pour pleige , a celle de la FRANCE ,
Elle verra le bout d'vn trauail si plaisant.

Cette Reine à ces mots s'encline , en se taisant ,
Et ce grand D V C qui voit que son discours s'acheue ,
Luy presente la main , se courbe , & la releue ,
La conduit au Balcon , & pour la resioüir ,
Luy fait vn compliment qu'aucun ne peut oüir :
On iuge neaptmoins , au signe de la teste ,
Qu'elle obtient aisément l'effect de sa requeste ,
Et deuant que quitter , & ce Prince , et ces lieux.
Vn extréme plaisir se fait voir en ses yeux.
Lors dans vn Ciel d'azur , dont le front est sans voiles ,
Où des Fleurs de Lis d'or , brillent au lieu d'Estoiles ;

Ceste Reine s'enuolle, & d'vn œil tout charmant,
Elle prend son congé du genereux ARMAND,
Son char d'or esmaillé s'enuelope de Nuës;
Elle trouue à l'instant des routes inconnuës,
Et bien haut dans les Airs, regardant RICHELIEV,
Une seconde fois, Elle luy dit Adieu.

SONNET

# SONNET.

## LA FORTVNE PARLE
## A MONSEIGNEVR
## LE CARDINAL.

Artons grand RICHELIEV, *la gloire nous appelle*,
  Desia toute l'Europe a les yeux dessus toy;
Il est temps de punir par les armes du ROY,
Et le vassal perfide, & le subiect rebelle :

Ie te prepare encore vne Palme nouuelle,
Ie fay marcher deuant la terreur & l'Effroy;
Et ces foibles mutins qui te manquent de foy,
S'esleuent vn Tombeau, non vne Citadelle :

Ne me mesprise point pour mon aueuglement;
Ie n'ay que faire d'yeux ayant ton iugement;
Aupres de ses clartez, quel Astre pourroit luire?

Non, non, fais battre aux chāps, marche, partons d'icy,
Pourueu que ta prudence ait soing de me conduire,
On nous verra bien tost dans les murs de Nancy.

# AVTRES

## SONNET.

## LA ROCHELLE.

### (Parle à Nancy)

OY qu'vn mauuais Demon fait resoudre à ta
    perte,
  Orgueilleuse Cité, iuge où tu te reduis ;
Songe ce que ie fus, & vois ce que ie suis,
D'vne Ville de guerre, vne place deserte :

Bien tost ainsi que moy tu te vas voir ouuerte,
Ta muraille rasée, & tes Rampars destruis ;
Et tu te verras seule à pleindre tes ennuis,
De larmes, de poußiere, & de honte couuerte :

Je fus ainsi que toy iadis pleine d'orgueil ;
Tu vas ainsi que moy deuenir ton cercueil ;
Au mesme chastiment tu peux bien te resoudre.

ARMAND te va punir de ta temerité ;
Et l'on nous fera voir à la posterité,
Comme ces monts noircis où fume encor la foudre.

# SONNET.

ILlustre RICHELIEV, tu vas auoir ta feste,
Et tout pour le Triomphe est desia preparé,
Prends ton habit de pourpre, & fais t'en voir paré,
Ta main a des Lauriers pour te ceindre la teste.

Desormais à l'abry tu ris de la tempeste,
Ton front est à couuert, en estant decoré,
Il est temps de monter dessus le Char doré,
Que ta Vertu merite, & que l'honneur t'apreste.

Que tous les Potentats s'unissent contre nous,
L'Europe les verra dans six mois à genoux,
Et pour dompter leur force, il ne faut que t'esbatre.

L'Vniuers est au ROY, les Destins l'ont promis,
Sans Mine, sans Canon, et mesme sans combatre,
Ton Nom fera tomber les Rampars ennemis.

# AVTRES

# SONNET.

C E fameux Conquerant dont nous parle
    *l'Hiftoire,*
    *Qui paffa comme vn foudre & vainquit*
    *l'Vniuers,*
*Apres s'eftre chargé des Lauriers les plus verds,*
*Eut crainte que le Temps n'oubliaft fa victoire :*

*Courage, braue* ARMAND, *les filles de Memoire,*
*Afin de t'obliger ont leurs threfors ouuers ;*
*Et ce ieune Monarque amoureux des beaux vers,*
*Ne pût iamais auoir ce que i'offre à ta gloire ;*

*Malgré l'oubly qui regne au fepulchre Poudreux,*
*Ie fçauray bien trouuer dans la* RACE DE DREVX,
*Vn Illuftre* HEROS, *qui domptera l'Enuie :*

*Mais de quelques vertus que ie le puiffe orner,*
*A l'inftant que mes vers parleront de ta vie,*
*Ie terniray l'efclat que ie luy veux donner.*

# SONNET.

Nuincible HEROS dont la gloire eſt ſe-
mée,
Partout où le Soleil a droiĉt d'illuminer,
Sage & grand RICHELIEV, ie veux te
voir mener
Nos Soldats auſſi loing que va ta Renommée :

Ie veux ſuiure tes pas aux dangers de l'armée,
Y deuſt Mars en fureur ma courſe terminer,
Et lors ie meſleray ( pour te mieux couronner )
Au Cedre du Liban, la Palme d'Idumée :

Apres, dans le repos, ma Muſe aura le ſoin,
De chanter les hauts faits dont ie fus le teſmoin,
Ainſi fidellement ie les pourray deſcrire :

Mais reçoy mon ſeruice en attendant mes vers,
Et ſouffre que ie monſtre aux yeux de l'Vniuers,
Qu'Apollon porte vn Arc auſſi bien qu'vne Lire.

# STANCES

## POVR MADAME

## DE COMBALET.

## SOVS LE NOM

## DE SILVIE.

RESPECT, *retirez vous*, *faictes place*
*au desir,*
*Qui demande qu'en ce loisir,*
*Ie trace vn portraict de SILVIE:*
*Vos timides conseils me semblent superflus;*
*Ie peinds ce beau visage, & ceste belle vie,*
*Ne me destournez plus.*

*En vain par la raiſon vous chocqüez mon orgueil,*
  *Icare eut vn ſi grand Cercueil,*
    *Que ſa perte fut glorieuſe:*
*L'Aſtre que ie regarde eſt plus clair que le ſien;*
*Voſtre aſſiſtance eſt foible, autant qu'iniurieuſe,*
    *Et s'oppoſe à mon bien.*

*Quand les traicts de ma main peignant ce beau vain-*
  *Reialiroient contre mon cœur,*        *( queur,*
    *Ie n'en quitterois pas l'ouurage:*
*Il faut que ie l'acheue, importun Conſeiller,*
*Voſtre ſoing me deſplaiſt, voſtre ſecours m'outrage,*
    *Laiſſez moy trauailler.*

*Mais de quelles couleurs me pourrai-ie ſeruir?*
    *En eſt-il qui puiſſent rauir?*
    *Cherchons-les en toutes les choſes:*
*Et dans ce haut deſſein, pour nous eterniſer,*
*Si les moindres beautez ont des Lis & des Roſes,*
    *Gardons bien d'en vſer.*

*Et l'Albaſtre & la Neige ont trop peu de blancheur,*
    *Pour peindre vn teint, dont la freſcheur,*
    *Fait honte aux fleurs les plus nouuelles:*
*Son eſclat eſbloüit & charme tous les yeux:*
*Et celle dont les pleurs les font naiſtre ſi belles,*
    *En a moins dans les Cieux.*

*Le Cinabre & l'Azur n'ont rien encor d'égal,*
    *Ny les perles, ny le Coral;*
      *En vain ie les mets en vsage:*
*Cét obiect dont ie parle est tousiours sans pareil;*
*Et ie voudrois auoir pour peindre ce visage,*
      *Vn rayon du Soleil.*

*Auec moins de grandeur, le Ciel voulut former*
    *Celle qui receut de la Mer*
      *Vn Berceau de Nacre & d'Opale:*
*Et bien que tous les vers flattent ses vanitez,*
*Elle perd auiourd'huy la gloire sans esgale,*
      *De Reine des beautez.*

*L'adorable SILVIE efface en vn moment,*
    *Toute la pompe & l'ornement;*
      *Que souloit admirer la terre:*
*Oser voir ses attraits, c'est n'en conseruer pas;*
*Et comme vn Diamant ternit l'esclat du verre,*
      *Tout cede à ses appas.*

*Aussi bien que son port, sa taille, et sa beauté,*
    *Ses yeux ont vne maiesté,*
      *Qui fait qu'on la craint, & qu'on l'aime:*
*Et chacun iugeroit, la voyant arriuer,*
*Qu'elle descend du Throsne, où son merite extréme*
      *La deuroit esleuer.*

Que

Que ie remarque icy de merueilleux accords!
L'esprit aussi beau que le corps,
Doit auoir place en ma peinture;
Et a vn crayon doré qui charme comme luy,
Imitant par ma main celle de la Nature,
Ie le peinds auiourd'huy.

Il est solide, fort, actif, & penetrant,
Et ne va iamais rencontrant
Nul obstacle qu'il ne surmonte:
Il entraine les cœurs par vn discours charmeur;
Et comme ses beaux yeux, son eloquence dompte
La plus farouche humeur.

Mais qu'il me reste encor vn haut point à toucher,
( Si ma main ose en approcher)
En la pureté de son ame!
C'est vn miroir sans tache, & qu'on ne peut ternir,
Et comme le Ciel garde vne eternelle flame,
Elle ne peut finir.

Chasque fois que l'enuie attaque sa vertu,
Ce Monstre à ses pieds abatu
Perd la parole & l'insolence:
Et mal-gré sa malice on luy fait aduoüer,
Que sa grandeur l'estonne, & l'oblige au silence,
De peur de la loüer.

J'ay le Soleil aux yeux, & ie ne voy plus rien,
    Respect, raison, ie connois bien
    Que vostre aduis est legitime:
Ie suis prest d'acheuer cét excellent Tableau,
Mais si mon repentir, peut effacer mon crime,
    Ie quitte le pinceau.


F I N.

# PRIVILEGE DV ROY

LOVIS PAR LA GRACE DE DIEV ROY DE FRANCE ET DE NAVAR. RE : A nos amez & feaux Conseillers, les gens tenans nos Cours de Parlement , Maiſtres des Requeſtes ordinaires de noſtre Hoſtel , Baillifs , Seneſchaux , Preuoſts , leurs Lieutenans, & à tous autres de nos Iuſticiers & Officiers qu'il appartiendra , Salut. Noſtre bien amé AVGVSTIN COVRBE', Libraire à Paris, nous a fait remonſtrer qu'il deſiteroit imprimer vne Tragedie , intitulée , *La mort de Cæſar; Compoſee par le Sieur de Scudery*, s'il auoit ſur ce nos Lettres neceſſaires , leſquelles il nous a tres-humblement ſupplié de luy accorder : A CES CAVSES, nous auons permis & permettons à l'expoſant , d'imprimer ou faire imprimer , vendre & debiter en tous les lieux de noſtre obeïſſance ladite Tragedie , en telles marges , en tels caracteres , & autant de fois qu'il voudra durant l'eſpace de dix ans entiers & accomplis , à compter du iour qu'elle ſera acheuée d'imprimer pour la premiere fois : Et faiſons tres-expreſſes deffences à toutes perſonnes de quelque qualité & condition qu'elles ſoient de l'imprimer , faire imprimer , vendre , ny diſtribuer en aucun endroit de ce Royaume durant ledit temps, ſouz pretexte d'augmentation, correction , changemens de tiltres ou autrement en quelque ſorte & maniere que ce ſoit , à peine de quinze cens liures d'amende , payables ſans deport par chacun des contreuenans , & applicables vn tiers à nous, vn tiers à l'Hoſtel Dieu de Paris, & l'autre tiers à l'expoſant , de confiſcation des exemplaires contrefaits , & de tous deſpens dommages & intereſts; A condition qu'il en ſera mis deux exemplaires en noſtre Bibliotheque publique , & vn en celle de noſtre tres-cher & feal le ſieur Seguier Cheualier , Chancelier de France , auant que de l'expoſer en vente , à peine de nullité des preſentes : du contenu deſquelles , nous vous mandons que vous faſſiez ioüir plaine-

G ii

ment & paifiblement l'e xpofant , & ceux qui auront droict d'i-
celuy , fans qu'il leur foit fait aucun trouble ou empefchement:
Voulons auffi qu'en mettant au commencement ou à la fin du
Liure vn bref extraict des prefentes , elles foient tenuës pour
deuëment fignifiées , & que foy y foit adiouftée, & aux copies d'i-
celles, collationnées par l'vn de nos amez & feaux Confeillers & Se-
cretaires, comme à l'Original. MANDONS auffi au premier noftre
Huiffier ou Sergent fur ce requis, de faire pour l'execution des prefentes tous exploicts neceffaires , fans demander autre permiffion:
CAR tel eft noftre plaifir, nonobftant oppofitions ou appellations
quelconques & fans preiudice d'icelles: Clameur de Haro, Chartre
Normande, & autres Lettres à ce contraires. DONNE' à Paris le
quatorziefme iour de Iuin l'an de grace mil fix cens trente-fix : Et de
noftre regne le vingt-feptiefme.

Par le Roy en fon Confeil,

Signé. CONRARD.

Acheué d'imprimer le 15. Iuillet 1636.

Les exemplaires ont efté fournis ainfi qu'il eft porté par le
Priuilege.

www.ingramcontent.com/pod-product-compliance
Lightning Source LLC
LaVergne TN
LVHW022211080426
835511LV00008B/1693